"참말입니다. 중공 오랑캐들을 격멸하지 않고는 우리 나라의 통일을 이룩할 수 없다고 생각합니다."

"영만이의 말도 영길이의 말도 모두 틀림 없는 말이다. 지금 우리의 새로운 적은 중공 오랑캐들이다. 우리 국군과 유엔군이 저 압록 강 가까지 진격을 하였다가, 다시 후퇴하게 된 것도 잔악한 침략자 중공 오랑캐들 때문이었다. 침략과 약탈을 일삼는 자들은 우리의 적일 뿐 아니라, 평화와 자유를 사랑하는 온 인류의 적인 것이다. 우리는

이, 인류의 대적과 싸우고 있는 것이다. 그러므로, 우리가 겪고 있는 이 전쟁이 얼마나 뜻이 깊은 전쟁이며, 얼마나 거룩한 사명을 가진 전쟁인지 모른다. 그렇기 때문에, 우리는 최후의 승리를 얻을 때까지, 어떠한 곤난이 있을지라도 이것을 물리쳐 나가며 싸우지 않으면 안 된다. 멀리, 수 만리 밖에 있는 미국을 비롯하여 유엔 여러 나라들이, 우리에게 아낌 없이 원조를 하여 주는 것도, 이 전쟁이 온 인류의 참된 자유와 평화를 위하여 싸우는 것이라는 것을 잘 알고 있기 때문이다."

"예! 그렇기 때문에 우리는 끝까지 싸우지 않으면 안 됩니다."

나는 다시 이렇게 대답하였다.

"자, 그러면 우리의 싸우는 목적도 잘 알았을 것이고, 이 싸움에 반드시 이기지 않으면 안 된다는 것도 잘 알았을 것이다.

그러면, 우리는 이때까지 이렇게 큰 사명을 가진 이 전쟁을 하루라도 속히 승리하기 위하여, 무엇을 하여 왔는가? 또 앞으로는 어떻게 할 것인

전시생활 3-3

우리도 싸운다

(국민학교 5.6학년)

문 교 부

대한의 소년

반 만년 오랜 역사 받아 이어서,
빛나는 새 나라를 이룩할 우리.
우리는 희망의 꽃 대한의 소년.
우리는 명예로운 대한의 소년.

○

동해의 저 물결이 우릴 부르고,
기름진 저 들판이 우릴 부른다.
배우자 부지런히 대한의 소년.
기르자 튼튼한 몸 대한의 소년.

○

티끌은 쌓여쌓여 태산 이루고,
빗방울 모여모여 강이 된다지.
뭉치자 튼튼하게 대한의 소년.
나가자 씩씩하게 대한의 소년.

—한인현—

영길이의 싸우는 일기

1월 13일 금요일

오늘도 우리는 산기슭 한데 교실에서 공부를 하였다. 아직도 바람이 쌀쌀한 봄날이었다.

아침 인사가 끝나자 선생님께서는 곧, 소칠판을 소나무 가지에 거시고, 커다란 글씨로

"우리는 왜 싸우고 있나?"

이렇게 쓰셨다. 그리고,

"가만히 속으로 읽고 생각하여 보아라"

하셨다.

"우리는 왜 싸우고 있나?"

거듭 속으로 읽으면서 생각하였다. 선생님께서는 다시 말씀을 이으셨다.

"우리 나라는 무엇 때문에 오늘까지 싸웠고, 앞으로 또 싸우지 않으면 안 될 것인가?"

말씀이 끝나기 전에 춘식이가 성큼 일어서더니,

"예. 저 북한 공산군들이 먼저 불법 침입을 했기 때문에 그 놈들을 완전히 격멸하기 위하여 싸우는 것입니다"

"그렇습니다. 그리고 이 기회에 삼팔선을 아주 없애 버리고, 조국의 완전 통일을 하기 위하여 끝까지 싸우지 않으면 안 되겠읍니다."

뒤 이어 일어선 창길이는 이렇게 말하였다.

"응. 너희들 대답 잘 하였다. 춘식이 말과 같이 북한 공산국이 침입해 온 것이, 직접 이 전쟁의 원인이 된 것은 다시 말할 것도 없고, 창길이의 말과 같이 영원히 삼팔선을 없애 버리고, 통일된 국가를 건설하기 위하여 싸우고 있는 것도 틀림 없는 사실이다."

이 때에 영만이가 일어 서며,

"삼팔선은 이미 없어져 버린 지 오랩니다. 그리고 북한 공산군도 거의 격멸되었다고 합니다. 우리의 새로운 적은 오직 소련의 앞잡이 중공 오랑캐 떼들입니다. 이 오랑캐들을 완전히 격멸하기 위하여 싸우는 것입니다."

퍽 흥분된 말씨였다. 영만이의 말이 채 끝나기도 전에 나는 나도 모르게 벌떡 일어서서 이렇게 말했다.

가? 이러한 점에 대해서 생각하여 보기로 하자."
선생님은, 퍽 긴장된 말씨로 이렇게 물으시었다. 그러나, 아무도 대답을 하는 사람은 없었다.

"나는 승리를 위하여 무엇을 했나?"
갑자기 나의 가슴은 두근거렸다. 그리하여, 선생님의 얼굴을 쳐다보기도 퍽 부끄러웠다. 한때 교실의 공기도 무거워진 듯 숨쉬기도 거북하여졌다. 잠간 침묵이 계속되었다. 이윽고 선생님께서는,

"박 용근!"
하고 부르셨다.

"예!"
용근이는 어리둥절하여 일어섰다.

"그래, 너는 무엇을 했니? 승리를 위하여."

"……………………………"

"그러면 최 창신!"

"예,……저……저는 열심으로 공부했어요."

"공부, 공부도 중하다. 그러나, 공부는 어느 때나 할 수 있는 것이 아니냐? 전시에 특히 할 일이, 하지 않으면 안 될 일이, 얼마든지 있지 않겠

니?……그러면, 최 호영! 너는?……………"

"예, 저는 저……작년 여름, 대구로 피란했을 적에 동네 어른들과 같이 군용 도로를 고치러 나간 일이 있었고, 서울로 다시 돌아갔을 때에는 집안 식구와 같이 위문 편지를 써서 내었읍니다."

"응, 그러한 것이다. 그러한 것이 곧 지금의 우리들이 할 일인 것이다. 제일선에 시각을 다투는 긴급한 군수 물자를 재빨리 나를 수 있게 하려면, 길이 좋아야 한다. 그러니까, 좋은 길은 이기는 길이 되는 것이다. 그리고, 전선에서 밤낮을 가리지 않고, 모두 고생을 참아가며 싸우고 있는 군인 아저씨들에게, 따뜻한 감사와 위로의 편지를 드리는 것은, 우리가 마땅히 해야 할 일이지마는, 자칫하면 잊기 쉬운 일이다.

후방의 국민들이, 특히 너희들과 같은 어린이들이, 정성스럽게 적어 보낸 위문 편지는 용사들의 마음을 무한히 기쁘게 해 주며, 새로운 용기를 북돋아 주는 데 큰 힘이 된다고 한다. 그러므로,

위문 편지는 곧 승리의 편지라고 하겠다. 그렇다면, 위문 편지도 한 번만 낼 것이 아니라, 계속적으로 몇 번이든지 써 내어야 할 것이다."

"위문 편지는 저도 냈어요."

"저도요."

"저는 위문 주머니를 내었어요."

"응, 모두들 좋은 일을 했다. 그 밖에도 자기 혼자서, 또는 마을이나 학교에서 단체적으로 할 일이 얼마든지 있지 않니? 이 전쟁을 일선에서 싸우고 있는 장병 아저씨들에게만 맡기어서는 안 된다. 우리 후방에 있는 국민도 일치 단결하여 돕지 않으면, 이기기 어려운 것이다. 내일은 마침 어린이회가 있는 날이기도 하니 '우리는 승리를 위하여 무엇을 할 것인가?' 오늘 밤에 좀더 잘 생각하여 보기로 하자. 그리하여, 그것을 가지고 내일 서로 발표 토의하여 결정지어, 그것을 곧 실천에 옮기도록 하자, 승리를 얻기 위해서."

선생님께서는 이렇게 힘있게 말끝을 맺으시었다.

이날 공부가 끝나고 집으로 돌아오는 길에 나는 생각하였다.

"우리는 무엇을 할 것인가?……………또는 나는 무엇을 해야 좋을가?"

여러 가지 생각이 순서 없이 머리에 떠올랐다. 나는 그중에서 우선 "나는 무엇을 해야 좋을가?" 에 대하여 결정하였다. 그 하나는, 우리 이웃에 아드님이 지난해 겨울에 국민병으로 나갔기 때문에, 늙으신 할아버지와 단 두 분만이 지내시는 청주 할머니 댁에 가서, 매일 아침마다 마당을 쓸어 드리고, 물을 길어 드리기로 하였다. 또 하나는 오늘부터 승리를 위하여 싸운 그날 그날의 자취를 기록하며, 승리를 위하여 내일은 무엇을 할 것인가? 를 계획하는 "싸우는 일기, 이기는 일기" 를 쓰기로 하였다. 그리고 학교에서는 위문단을 조직하여 육군 병원에 위문을 갈 것을, 제의하기로 하였다.

4월 14일 토요일

번쩍 눈이 뜨이여 시계를 보니, 일곱시 십분. 나는 얼른 옷을 입고 밖으로 나갔다. 동쪽 하늘은 이글이글 불이 타오르는 듯, 희망의 붉은 해가 금금 막 솟으려는 상쾌한 아침이었다.

앞 마당을 쓸고 있느라니까, 누나가 방문을 열고 나오며,

"저것 보게! 영길이가 마당을 다 쓰네."

하고 놀리는 듯이 말했다.

"무어 나는 마당을 못 쓰나?"

이렇게 대답을 했지만, 요즈음 별로 마당을 쓸어 본 일이 없는 나는 좀 부끄러웠다.

"이게 웬 일이냐? 우리 집에 이제 큰 일군 하나 났는데!"

뒤 이어 나오시던 아버지의 말씀이었다. 그 말씀도 퍽 부끄럽기도 하였으나, 한 편으로는 퍽 기쁘기도 하였다. 앞뒤 마당을 말갛게 다 쓸고, 이웃 청주 할머니 댁에 갔다. 마침 할머니는 물통과 두레박을 들고 부엌에서 나오셨다.

"할머니. 안녕히 주무셨읍니까? 형님이 안계시서 얼마나 고생을 하시요?"

"무어 괜찮다. 그런데 어째서 마당 비를 들고 왔니?"

"아니야요. 저……할머니, 힘드실테니, 그 물통을 제게 주서요, 물은 제가 길어 드리겠어요."

"아니, 네가 물을! 안 된다. 그게 될 말이냐? 그만 둬라.……………"

나는 손에 들었던 마당비를 마당 가에 던져 두고, 빼았다 싶이 하여 겨우 두레박과 물통을 받아 들었다.

"저걸 어쩌나, 저걸……………"

하며 할머니는 퍽 미안하여 하셨다.

나는 곧 우물 가에 가서, 물을 길고 있느라니까, 저쪽에서 누나가 앞집 옥희하고 물통을 들고 온다.

나는 "얼른 길어 가지고 가야지" 하고 불이나게 두레박 줄을 다루다가, 그만 풍덩 두레박을 빠뜨려 버리고 말았다.

"이걸 어쩌나?"

나는 고만 허둥지둥하는 판에 누나와 옥희는 벌써 내 옆에 왔다. 누나는 눈이 둥그래서,

"너 여긴 뭘 하러 왔니? 무어, 두레박을……………"하고 놀랜다.

옥희도 이상한 듯이,

"너의 집 물 길러 온 것 아니냐?"

하고 묻는다.

"아니. 저기 저……청주 할머니네 물을……………"

나는 서슴지 않고 대답하였다. 누나와 옥희는 서로 얼굴을 바라보더니, 무엇인지 알았다는 듯이 가볍게 고개를 끄덕이었다.

"내 장대 가지고 올게"

하고 옥희가 뛰어 갔다. 누나는 아무 말 없이 물을 길어서, 내 물통에 가득 담아부었다. 나는 그 물통을 들고 청주할머니네로 갔다.

"아이, 고마워라. 아이……………"

할머니는 여간 고마와 하시지 않았다. 나는 더욱 용기가 났다. 다시 물통을 들고 부엌문을 나왔을 때 누나도 물통과 두레박을 들고 이리로 오고 있었다

"이게 모두 웬 일이냐? 이게."

할머니는 눈물을 흘릴 듯이 기뻐하셨다.

"할머니, 이렇게 물만 갖다 드려서 미안합니다."

누나가 말했다.

"그게 무슨 말이냐? 물 긷는 일이 내겐 제일 힘든 일인데, 이만하면 저녁 때까지도 쓰고 남을 걸, 아이 착해라!"

할머니는 몇 번이나 이런 말씀을 하셨다.

어느 덧 아침 해는 붉끈 솟아, 서 있는 할머니와 우리들의 온 몸에 담뿍 밝은 빛을 부어 주었다. 누나와 옥희는 물을 길어 가지고. 각각 집으로 돌아갔다. 나는 다시 한 통을 더 떠다 드린 후, 마당을 깨끗이 쓸고서 들아왔다.

아버지와 어머니께서도 벌써 이 말을 들으시고, 퍽 좋은 일이니, 날마다 계속하라고 하셨다. 그리고, 누 나는 가끔 청주할머니네의 빨래도 해 드려야겠다고 말하였다

나는 오늘 아침, 유난히 기쁨에 넘쳐 아침 밥도 제대로 먹히지 않았다. 학교에 가는 발걸음도 가벼워 겅정겅정 뛰어 갔다. 만나는 동무마다

"나도 하고 있다. 승리를 위하여"
이렇게 말은 안 하여도 제각기 뜻 있는 일을 시작한 듯이 어딘지 모르게 긴장하여 보였다.

네 시간의 학과 공부가 끝난 후, 기다리던 어린이회 시간이 왔다.

"우리는 승리를 위하여 무엇을 할 것인가?"
이것이 오늘의 중요한 토의 문제이었다. 회가 시작되자, 제각기 열렬히 자기 의견을 발표하고 주장하였다.

위문 편지를 쓰자, 위문 주머니를 만들자, 위문단을 조직하여 육군 병원과 신병 교육대에 위문을 가자, 방공 포스터를 그려서 마을에 붙이자, 「싸우는 시집」,「싸우는 문집」을 만들자, 「싸우는 신문」이란 학급 신문을 만들자, 동구 밖의 국도를 고치자, 건너 산 밑 버려 둔 땅을 개간하여, 식량 증산에 힘쓰자, 피난민을 우리의 힘으로 후원하자, 물건을 아껴 쓰자, 더 참고 견디는 힘을 기르자, 는 등, 이 밖에도 많은 의견이 발표되었다. 그러나, 그중에서 제각기 혼자서도 할 수 있는 일은 의논할 것도

없이 오늘부터 곧 실천하기로 하였으나, 단체적으로 할 일에 대하여는 의견이 구구하여 좀처럼 결정이 되지 않았다. 토의에 토의를 거듭한 결과, 매주 월요일을 군인 아저씨들에 감사하는 "감사의 날" 로 정하고, 위문 편지 한 벌과 위문품 한 가지 이상을 내도록 하였다. 또 매일 공부가 끝나면 두 시간씩 개간 작업을 하기로 하였다. 그리고 제일 찬성이 많았던 위문단 조직은 우리 학급 단독으로 할 것이 아니라, 전교적으로 하여, 좀 힘차고 색다른

순서를 가지기 위하여, 그 조직과 연습, 위문 날자, 등은 어린이회 임원들이 선생님들과 상의하여 결정하기로 하였다. 그리고, 끝으로 내가 제의한 "싸우는 일기. 이기는 일기"를 쓰자는 것은 두 말없이 다 같이 쓰자고 그 자리에서 결정이 되어, 폐유회하였다 끝으로 우리는 힘차게 승리의 노래를 부르고 어린이회를 끝마치었다.

참으로, 오늘과 같이 모두들 열성을 가지고 열렬히 토의한 날은 없었다. 집에 돌아오자, 나는 몽땅이를 찾아 두고, 육군, 해군, 공군, 아저씨들에게 각각 한 장씩의 위문 편지를 썼다. 저녁 밥이 끝난 후, 집안 식구들 앞에서 읽어 드렸더니, 매우 잘 썼다고 칭찬을 받았다. 아버지께서는 더러 고쳐도 주셨다. 그리고 누나는 봉투를 만들어 거기에다 아름다운 그림까지 그려 주었다.

4월 16일 월요일

오늘 아침 조회 때, 교장 선생님께서는

"육 학년 언니들은 승리를 위하여 이렇게 싸우고 있다."

하시며, 우리들이 계획하고 실천하려는 모든것을 말씀하셨다.

세 시간 공부가 끝난 후, 제각기 가지고 온 괭이를 총 삼아 어깨에 메고, 진격의 노래를 높이 부르며 개간 작업장으로 갔다. 마치 제일선으로 떠나는 듯한 기분이었다. 작업장에 오자, 몇 마디 선생님의 주의 말씀을 듣고, 곧 작업을 시작하였다. 한 편에서는 큰 바윗돌을, 한 편에서는 큰 나무 뿌리를, 모두 힘을 합쳐 파내고 뽑아내는 그 모양은 참으로 장관이었다. 일을 시작한 지 얼마 안되어, 이마에서는 구슬 땀이 흘렀다. 바로 이때에 우리들의 머리 위로 요란한 폭음과 함께 깻드기의 편대가 나타났다.

"아! 젯드기!"

하며 모두 하던 일을 멈추고 손을 높이 들어 흔들었다. 북으로, 북으로, 원수를 찾아 몸부림치며 날아가는 그 모양은 참으로 믿음직했다.

"우리의 희망을 온 몸에 싣고
오늘도 쳐나가는 젯드기 편대
날아라 푸른 하늘 네 마음대로
싸워라 용감히 오랑캐 떼와."

얼른 나는 이런 노래가 머리에 떠 올랐다. 소리보다도 빠른 젯트기들은 벌써 북쪽 하늘 멀리 파고들어가 보이지 않았다.

우리들은 다시 작업을 계속하였다. 땅을 파면 팔수록 괭이를 든 손에는 새로운 힘이 솟았다. 두어 시간 후, 우리는 오늘의 예정이었던 바윗돌과 나무 뿌리도 파내어 한 곳에 모아 놓고 보니, 우리가 때려 잡은 중공 오랑캐들과 같이 생각되어, 나는 저절로 웃음이 터져 나왔다.

작업이 끝난 후, 나무 뿌리는 그대로 쌓아 두었다가, 마르는 대로 잘게 쪼개어 마을에 피란 온 피란민들에게 고루 나누어 드리기로 하고, 거기서 헤어졌다.

집에 오니까, 옆집 호창이가 마침 왔다.

"우리 오 학년에서는 저 건너 밀둥산에 사방 공사 작업을 하기로 했어. 그리고, 위문 갈 노래 연습도 하기로 하고, 위문 주머니도 만들고,……"

"아, 그래, 너희들도 참 좋을 일을 하게 되었구나."

하고, 나는 반갑게 대답하였다. 호창이는 더욱 용기를 얻은 듯, 무한히 기뻐하며, 그의 눈은 희망에 빛나고 있었다.

4월 18일 수요일

오늘은 학교에 나와,

'아차,, 하였다.

어제 밤 일기를 쓸 적에 연필을 깎기에 무척 애를 태웠서 오늘 아침엔 좋은 연필을 한 자루 산다는 것을 깜빡 잊었기 때문이다.

하는 수 없이 부러지다 남은 연필을 다시 잘 드는 시퍼런 칼을 빌어 고이고이 겨우 깎았다.

첫째 시간 공부가 시작되려는 때에, 뒤에 앉아 있던 민수가 다 닳아 빠진 몽당 연필 한 자루를 주워왔다. 선생님께서는 곧 임자를 찾았으나, 아무도 나서는 아이가 없었다.

연필은 닳기는 했으나 노랑빛이 아직 곱게 남아 있으며 꼭지에는 지우개도 달려 있었다. 선생님께서는 우리를 보시고, 물으셨다.

"요새, 이 미국 연필은 얼마나 하니?"

"천 원이야요',

'천 이백 원이야요"

하고 여기 저기서 대답하였다. 선생님은 반을 돌아 다니며, 아이들 필통에서 다른 연필을 두사루 고르셨다.

"이것은 우리 나라에서 만든 것인데 얼마나 하지?"

"예, 사백 원이야요."

누군가가 대답하자,

"그럼, 이 일본 연필은?"

"예, 팔백 원에 샀어요."

영철이가 대답하였다.

"그럼, 너희들 왜 제일 싼 국산품을 안쓰고, 비싼 외국 것을 쓰니?"

선생님께서 물으시자, 아이들은 이곳 저곳에서 잘 부러지고, 잘 깎아지지도 않는다고 떠들석 하였다.

선생님께서는 고개를 끄덕끄덕하시더니,

"작년에는 이 연필이 얼마이었지?"

하시고, 몽당 연필을 보이셨다.

"제가 살 때는 백 원이었어요."

영수가 대답하자, 선생님께서는,

"그런데, 올해는 왜 물가가 열 곱이나 올랐을가? 너희들 잘 생각해 보아라. 요전에 이야기한 바와 같이, 돈이 많이 도는 것을 막는 길은 다른 것이 아니다. 우리는 될 수 있는대로 절약을 하고 저축을 하여야 하는 것이다. 이렇게 해야 물가도 떨어지고 전쟁도 이기게 된다."

하시며, 몽당 연필을 분필갑에 넣으시었다.

나는 아침에 느꼈던 것과는 반대로, 유쾌한 마음으로 집에 돌아왔다. 나는 몽당 연필에다 붓뚜껑을 끼워서 자루를 삼고, 안쓸 때에는 돌려 끼워 붙어지지 않게 하려고 하였다.

집에 돌아와서, 오늘의 이야기를 아버지께 여쭈었더니, 아버지는 다음과 같이 설명해 주셨다.

"우리 나라는 세계에서 유명한 좋은 흑연의 산지이다. 그런데, 다만 공업이 발달되지 못 한 데에다 더욱이 전쟁에 시달리게 되었기 때문에, 품질이 나빠지는 것이지마는, 그렇다고 해서 우리들이 이와 같은 국산품을 돌보지 않는다면, 우리 나라의 공업은

합체로 발전될 수 없을 것이다. 거기 따라서, 우리 나라의 넉넉하지도 못 한 재산은 자꾸 외국으로 흘러나갈 것이니, 나라를 위하여 참 딱한 일이다.

더구나, 전시에는 평화시보다 많은 물자가 필요하며, 한 쪽으로 돈이 많이 돌게 되는데, 이것을 바로잡지 못하면, 국민 생활은 안정을 잃게 되고 전쟁을 계속하기가 어렵게 될 것이다.

우리는 비록 조그만 몽당 연필이라도 아껴서 써야 하며, 좀 불편한 점이 있다 하더라도 국산품을 쓰는 것이 떳떳한 일이다. 돈이 많이 돌게 되고 물가가 오르기만 한다면, 정부에서는 암만 돈을 박아내도 당하지 못하므로, 국민은 이것을 막는 것이 의무의 하나라고 생각한다."

나는 이 말씀을 듣고, 될 수 있는 대로 학용품을 절약할 생각을 하였다. 그래서, 공책은 앞 겉장이나 뒤 겉장이나 다 남기지 않고 쓰기로 하였다.

이렇게 하여, 조금이라도 절약된 돈은 집에 두지 않고 꼭꼭 예금을 하겠다. 만일 국채를 살 수 있게 되면 국채라도 사기로 하겠다. 나는 이렇게 굳은 결심을 하며, 밤이 이슥도록 공부를 하였다. 새로 자루를 만들어 낀 몽당 연필, 이 연필에서 나는 새로운 뜻을 느끼는 것이었다.

4월 21일 토요일

오전 열 시 삼십 분. 오늘은 그 동안 준비해 오던 순서를 가지고 육군 병원에 위문을 갔다.

병원에 척 발을 들여 놓자, 약 냄새가 콕 코를 찔렀다. 정훈 과장님의 인도로 강당으로 들어갔다. 벌써 곱게 꾸며진 무대와 가득 모인 부상군인 아저씨들은 우리를 기다리고 있었다.

아저씨들은 우레 같은 박수로 우리를 환영하여 주셨다. 우리는 등사해 가지고 간 순서지를 나누어 드렸다. 위안회는 시작되었다.

맨 처음에 "부상군인 아저씨들에게" 라는 제목으로 륙 학년 김 옥희가 인사의 말씀을 드렸다. 옥희는 너무 감격하여 끝마칠 무렵에는 목이 메었다.

종목은 순서 대로 순조롭게 진행되었다. 종목이 끝날 때마다 박수와 환호성으로 강당이 떠나갈 듯 하였다. 그 중에서도 일 학년의 노래와 무용은 제일 환영을 받았다. 나도 합창과 연극에 출연하였는데, 연습 때보다도 훨씬 잘 되어 여간 기쁘지 않았다.

위안회를 예정 시간보다도 좀 늦게 끝마치고, 우리들은 준비해 가지고 온 위문품을 드리었다. 병실에 누워 계신 아저씨들은 위문품을 받으실 때 우리들의 손을 잡고,

"고맙다. 고맙다."

하시며 기뻐하시는 것이었다.

이 조그만 위문품이 이렇게도 군인 아저씨들을 기쁘게 해 드릴 줄은 몰랐다. 이제부터는 더 좋은

위문품을 가져다 드려야 하겠다고 느꼈다.

병실 위문이 끝나자, 우리들은 병원 앞뜰로 나왔다. 거기서 부상군인 아저씨들과 약 한 시간 동안 같이 놀며 아저씨들의 무용담을 들었다.

나는 중부 전선에서 싸운 최 일등 상사의 아슬아슬한 경험담을 들었다. 그는 언제나 정찰대로 뽑혀 부대의 선봉이 되어 분투한 이었다. 철원 지구의 전투에서 그는 적진 속 깊이 들어가 적의 형편을 샅샅이 엿보고 돌아오는 길에, 적의 일개 소대

에게 포위를 당하고 말았다. 비오 듯 퍼붓는 총알 속을 교묘하게 싸우며 부상을 당한 것이라 한다. 이 이야기를 듣고 나니, 나는 최 일등 상사의 모습이 한 층 더 씩씩하게 우럴어 보이는 것이었다. 그리고, 최 상사는 가슴에 품었던 조그만 인형 하나을 꺼내어 보여 주었다. 그것은 중부 전선에서 받은 위문 주머니 속에 들어 있던 것으로, 충남 어느 국민 학교 어린이의 위문품이라고 말했다. 최 상사는 전선에서 어디를 가든지 이 인형을 가슴에 품고 다니며, 조금이라도 쉬는 시간이 있으면, 꺼내어 보고 기뻐하고, 이 인형을 만들어 보내 준 어린이의 정성에 보답하여 더욱 많은 오랑캐를 무찌르려 결심한다는 것이었다.

"저런 인형도 군인 아저씨들을……………"

이렇게 생각되어, 나도 누나 보고 인형을 만들어 달라고 해야겠다고 생각하였다.

오후 두 시가 지나 우리들은 언제까지나 헤어지기 싫은 부상군인 아저씨들과 작별하고 병원을 떠났다. 흰옷의 용사, 부상군인 아저씨들은 우리들이 안 보일 때까지 손을 들어흔들어 배웅해 주었다.

학교에 돌아와서 헤어질 때, 선생님께서는,

"오늘의 위문은 퍽 잘 되었다."

하시며, 칭찬과 격려의 말씀을 하여 주시고, 부상군인 아저씨들의 위문품으로는 담배나 비누도 좋지만, 특히 엿 같은 단 것을 좋아한다고, 다음에는 엿을 많이 가지고 가자고 말씀하셨다.

참으로, 부상군인 아저씨들은 고마운 분들이다. 나는 오늘과 같이 뜨거운 감사와 감격을 느낀 날은 없었다.

거룩한 희생

—유 치환—

오늘 어느 병원 앞에서 지팽이에 몸을 의지하여 절름거리는 흰옷의 용사를 나는 보았다.

그의 한 쪽 바지 가랑이는 허공에 덜미거렸다

이 때 내 머리를 언뜻 스친 것은, 언젠가 본 영화 생각이었다.

그 영화는 한 어머니가 눈먼 아들을 위하여 자기의 눈을 빼어 주는 어머니의 거룩한 희생 정신을 그린 작품이었다.

이 절름발이 용사는 마치 자식에게 자기의 눈을 빼어 주는 영화의 주인공인 그 어머님과 같이, 자기의 다리를 희생시켜 가며, 우리의 조국과 민족을 위하여 싸운 것이다.

조그마한 뾰로지 하나만 나도 못 견디는 우리의 육신(肉身)! 그 육신의 일부분을 서슴지 않고 뭉청 떼어 조국과 겨레에게 바친 그 젊은 용사!

거룩한 그 희생!

눈물이 앞을 가려 나는 한 동안 발을 옮길 수없었다.

단기4284년3월1일 인 쇄
단기4284년3월6일 발 행

전시생활 3—3
우리도 싸운다

(피난 학생에게 거저 줌)

지은이
펴낸이 문 교 부

박은이 교학도서주식회사
대표자 최 상 윤

〔등록4283 년 11 월 1일49號〕

우리도 싸운다
(전시생활 국어교과서)3-3. 복제본 39,000원
13700
9 788959 551163
ISBN 978-89-5955-116-3 불법 복제 금지